# UN APPEL À LA PRIÈRE

# John Charles Ryle

*Prédicateur et évangéliste anglais (1816-1900)*

# UN APPEL À LA PRIÈRE

230, rue Lupien, Trois-Rivières (Québec)
G8T 6W4 Canada

Édition originale en anglais sous le titre :
*A Call to Prayer*

Pour l'édition française :
*Un appel à la prière*
© 2021 Publications Chrétiennes, Inc.
Publié par Impact Héritage
230, rue Lupien, Trois-Rivières (Québec)
G8T 6W4 – Canada
Site Web : www.impactheritage.org

ISBN (broché) : 978-2-924773-37-6
ISBN (eBook) : 978-2-924773-38-3

Dépôt légal – 2ᵉ trimestre 2021
Bibliothèque et Archives nationales du Québec
Bibliothèque et Archives Canada

Ce livre est une adaptation de l'édition française publiée en 1863 par la Société des livres religieux de Toulouse. Il était alors intitulé *Priez-vous ?*

« Impact Héritage » est une marque déposée de Publications Chrétiennes, Inc.

*Il faut toujours prier.*
Luc 18.1

*Je veux donc que les hommes prient en tout lieu.*
1 Timothée 2.8

# TABLE DES MATIÈRES


1. La prière est nécessaire au salut de l'homme ...... 9

2. L'habitude de la prière : le trait caractéristique d'un vrai croyant ...... 13

3. La prière : l'ordonnance biblique la plus négligée ...... 19

4. La prière est un grand encouragement ...... 25

5. Une vie de prière disciplinée : le secret de la sainteté ...... 29

6. La négligence de la prière ...... 35

7. La prière et le contentement ...... 39

8. Conseils aux non-croyants ...... 43

9. Conseils aux croyants ...... 49

1

# La prière est nécessaire au salut de l'homme

**Priez-vous ?**

Je vous soumets une question toute simple. Vous la lisez en tête de ce paragraphe, elle ne contient que ces deux mots : *Priez-vous ?*

C'est une question à laquelle vous seul pouvez répondre. Êtes-vous ou non assidu au culte public ? Votre pasteur le sait ! Avez-vous ou non un culte de famille à la maison ? Vos parents et vos amis le savent ! Mais le fait que vous passiez ou non du temps seul à prier est un secret entre Dieu et vous.

En toute affection, je vous demande d'être attentif au sujet que j'aborderai dans ces pages. Ne me dites pas que ma question est trop précise. Si votre cœur est droit devant Dieu, elle ne devrait pas vous effrayer. Ne la contournez pas en me répondant que vous « récitez vos prières ». Réciter des prières et prier sont deux choses totalement différentes. Ne me dites pas non plus que ma question est futile. Accordez-moi votre attention pendant quelques minutes, et vous verrez que j'ai de bonnes raisons de la soulever.

## Un besoin essentiel

Je vous demande si vous priez, parce que la prière est absolument nécessaire au salut de l'homme. Oui, absolument nécessaire. Et je le dis intentionnellement. Bien sûr, il n'est pas question ici des jeunes enfants et des personnes atteintes de déficience intellectuelle, pas plus que de l'état des païens. Je sais qu'à celui qui a peu reçu, il sera peu redemandé. Je parle plutôt de ceux qui s'appellent eux-mêmes chrétiens dans un pays comme le nôtre, et c'est d'eux que je dis que personne – ni homme ni femme – ne peut espérer être sauvé s'il ne prie.

Je tiens au salut par grâce aussi fermement que quiconque. J'offrirais volontiers un pardon entier et gratuit au plus grand pécheur qui soit. Je n'hésiterais pas à me tenir près de son lit de mort pour lui dire : «Crois au Seigneur Jésus-Christ dès maintenant, et tu seras sauvé.» Mais je ne vois nulle part dans la Bible qu'un homme puisse obtenir le salut sans le demander. Qu'un homme puisse obtenir le pardon de ses péchés, sans avoir au moins élevé son cœur vers Dieu et dit : «Seigneur Jésus, accorde-le-moi!» Voilà une idée qui ne s'y trouve pas. Je peux y lire que personne ne sera sauvé uniquement par ses prières, certes. Cependant, je n'y trouverai pas qu'on puisse l'être sans prier.

Il n'est pas absolument nécessaire au salut d'un homme qu'il lise la Bible. Il se peut qu'il soit aveugle ou manque d'instruction, et néanmoins qu'il possède Christ dans son cœur. Il n'est pas absolument indispensable pour être sauvé qu'un homme entende la prédication publique de l'Évangile. Il est peut-être sourd ou alité ou vit dans un pays où l'Évangile n'est pas prêché. Or, on ne peut pas dire la même chose à l'égard de la prière. Il est absolument *nécessaire* au salut qu'un homme *prie*.

## Une responsabilité personnelle

Il n'y a pas d'accès privilégié à la bonne santé et à l'apprentissage : princes et rois, pauvres et paysans, tous doivent également s'occuper des besoins de leur corps et de leur esprit. Aucun homme ne peut manger, boire ou dormir à la place d'un autre ni maîtriser l'alphabet et étudier pour un autre. Ce sont des choses que chacun doit faire pour lui-même, sinon elles ne se réaliseront pas.

Or, ce qui est vrai pour le corps et pour l'esprit l'est également pour l'âme. Il y a des choses qui sont absolument indispensables pour le bien-être et la santé de celle-ci. Chacun doit s'en occuper pour lui-même, se repentir et s'adresser à Christ pour lui-même – parler à Dieu et le prier pour lui-même. Vous ne devez laisser ce soin à personne d'autre, car nul autre ne peut le faire à votre place. Comment peut-on s'attendre à être sauvé par un Dieu « inconnu » et comment le connaître sans la prière ? Dans ce monde, vous n'apprendrez rien au sujet d'un homme sans lui avoir parlé. Vous ne pouvez pas non plus connaître Dieu et le Christ, à moins que vous ne le lui demandiez par la prière. Si vous voulez être avec lui dans les cieux, vous devez être un de ses amis sur la terre ; et pour devenir un de ses amis sur la terre, il faut prier.

Lecteur, au dernier jour, un grand nombre se tiendront à la droite de Christ. Les saints, rassemblés du nord au midi et de l'orient à l'occident, formeront une multitude que personne ne pourra compter. Ils entonneront ensemble le chant de victoire quand leur rédemption sera enfin complète, et ce sera un chant glorieux qui dominera le bruit des grandes eaux et des plus forts tonnerres. On n'entendra aucune discordance dans ce chant. Leurs cœurs comme leurs voix vibreront à l'unisson. Ils partageront une seule et même expérience. Tous auront cru. Tous auront été lavés par le sang de Christ. Tous seront nés de nouveau. Tous auront prié. Oui, nous devons le prier sur la terre, ou nous ne le louerons jamais dans les cieux. Nous devons passer par l'école de la prière, ou nous ne serons jamais prêts pour le saint jour de la louange.

Lecteur, être sans prière, c'est être sans Dieu, sans Christ, sans grâce, sans espérance et sans ciel. C'est être sur la route de l'enfer. Vous étonnez-vous encore que je vous aie posé cette question : *Priez-vous ?*

**2**

# L'HABITUDE DE LA PRIÈRE : LE TRAIT CARACTÉRISTIQUE D'UN VRAI CROYANT

### Ceux qui prient

Je vous demande si vous priez, parce que l'habitude de la prière est un des signes les plus évidents du vrai christianisme. Tous les enfants de Dieu sur la terre se ressemblent à cet égard. Dès qu'il y a de la vie et quelque réalité dans leur foi, ils prient. De même que le premier signe de vie manifesté par le nouveau-né est la faculté de respirer, de même, aussi, le premier acte de tout être né de nouveau consiste à prier.

C'est l'une des caractéristiques communes à tous les élus de Dieu : « *[Ils]* crient à lui jour et nuit » (Lu 18.7). Le Saint-Esprit, qui en a fait de nouvelles créatures, crée en eux le sentiment de l'adoption par lequel ils crient : «Abba ! Père!» (Ro 8.15.) Le Seigneur Jésus, qui les vivifie, leur donne une voix et une langue, et leur dit : «Ne soyez plus muets.» Dieu n'a pas d'enfant muet. La prière fait autant partie de sa nature qu'il appartient à l'enfant de crier. Ils constatent leur besoin de miséricorde et de grâce; ils sentent leur vanité, leur faiblesse, leur impuissance : ils ne peuvent changer leur façon d'agir. Ils doivent prier.

J'ai examiné attentivement la vie des saints de Dieu, telle que la Bible nous la décrit. Je n'en ai pas trouvé un seul, dans les récits rapportés de la Genèse à l'Apocalypse, qui n'ait été un homme de prière. Partout dans la Bible, l'un des traits caractéristiques des saints, c'est «qu'ils invoquent le Père, qu'ils invoquent le nom du Seigneur Jésus-Christ» et que le trait marquant des impies est qu'ils «n'invoquent point l'Éternel». «Et si vous invoquez comme Père celui qui juge selon l'œuvre de chacun, sans favoritisme, conduisez-vous avec crainte pendant le temps de votre séjour sur la terre» (1 Pi 1.17 ) ; «et le frère Sosthène, à l'Église de Dieu qui est à Corinthe, à ceux qui ont été sanctifiés en Jésus-Christ, saints par vocation, et à tous ceux qui invoquent en quelque lieu que ce soit le nom de notre Seigneur Jésus-Christ, leur Seigneur et le nôtre» (1 Co 1.2) ; «Tous ceux qui commettent l'iniquité ont-ils perdu le sens? Ils dévorent mon peuple, ils le prennent pour leur nourriture; ils n'invoquent point l'Éternel» (Ps 14.4).

J'ai lu les biographies des chrétiens les plus remarquables qui ont vécu depuis les temps bibliques. Il y avait parmi eux des riches et des pauvres, des savants et des ignorants, des épiscopaux et des presbytériens, des baptistes et des indépendants, des calvinistes et des arminiens. Les uns se servaient de préférence d'une liturgie, les autres n'en avaient pas. Or, malgré cette diversité, je constate qu'ils avaient tous au moins une chose en commun : ils étaient tous des hommes de prière.

J'étudie aussi les rapports des sociétés missionnaires de notre époque. J'y vois avec joie que des païens, hommes et femmes, reçoivent l'Évangile dans diverses parties du globe. Il y a des conversions en Afrique, en Nouvelle-Zélande, au Hindoustan, en Chine, etc. Les convertis sont naturellement très différents les uns des autres à divers égards ; mais une chose me frappe : dans toutes les stations missionnaires, les individus convertis prient toujours.

## Ceux qui ne prient pas

Lecteur, je ne nie pas qu'un homme puisse prier des lèvres sans sincérité et sans y appliquer son cœur. Je ne prétends pas non plus que le simple fait qu'une personne prie soit une preuve absolue du salut de son âme. Il peut s'agir là, comme dans le cas de toute autre discipline religieuse, d'une apparence trompeuse empreinte d'hypocrisie.

En revanche, le fait de ne pas prier est une preuve évidente qu'un homme n'est pas encore un chrétien véritable. Il ne peut pas réellement ressentir ses péchés ni aimer Dieu. Il ne reconnaît pas qu'il est le débiteur de Christ. Il ne soupire pas après la sanctification. Il ne désire pas le ciel. Il n'est pas encore né de nouveau et n'a pas été fait une nouvelle créature. Il peut se vanter, avec une certaine assurance, de l'élection, de la foi, de l'espérance et de la connaissance, et ainsi tromper les ignorants, mais soyez assuré que tout cela n'est qu'un vain bavardage, s'il ne prie pas.

## La preuve du travail de l'Esprit

Je vais plus loin : j'ajouterai même que de toutes les preuves d'un travail réel de l'Esprit, l'habitude de prier en privé et d'un cœur sincère est une des plus concluantes qu'on puisse nommer. Un homme peut prêcher pour de faux motifs. Il peut écrire des livres, prononcer des discours éloquents et paraître zélé à faire de bonnes œuvres, et cependant n'être qu'un Judas Iscariot. Mais on verra rarement un homme s'enfermer dans son bureau et ouvrir en secret son âme devant Dieu s'il n'est pas réellement sérieux. Le Seigneur lui-même a mis son sceau sur la prière comme la meilleure preuve d'une véritable conversion. Quand il envoya Ananias vers Saul de Tarse, il ne lui donna aucune autre preuve de son changement de cœur que celle-ci : «Car il prie» (Ac 9.12).

Je sais qu'un homme peut faire beaucoup de progrès dans la piété avant d'être amené à prier. Il peut entretenir bon nombre de convictions, de souhaits, de désirs, de sentiments, d'intentions, de résolutions, de craintes et d'espoirs. Mais toutes ces choses s'avèrent des témoignages précaires : on peut aussi les rencontrer chez des incrédules, et souvent, ils n'aboutissent à rien. Dans bien des cas, leur durée est celle du brouillard du matin ou de la rosée que le soleil dissipe. Une prière qui émane réellement du cœur, et d'un cœur brisé et contrit, a plus de valeur que toutes ces choses réunies.

Je sais que les élus de Dieu ont été destinés au salut de toute éternité. Souvent, le Saint-Esprit, qui les appelle en leur temps, les amène graduellement à la connaissance de Jésus-Christ par un processus très lent. Or, l'œil humain ne peut juger que de ce qu'il voit. Je ne peux affirmer qu'une personne est justifiée avant qu'elle n'ait cru, et je n'ose pas dire qu'un homme croit avant qu'il ne prie. Je ne peux comprendre une foi muette. Le premier acte de foi devra être de s'adresser à Dieu. La foi est à l'âme ce que la vie est au corps. La prière est à la foi ce que la respiration est à la vie. Qu'un homme puisse vivre sans respirer, cela dépasse mon intelligence ; et je ne comprends pas mieux qu'un homme puisse croire et cependant ne pas prier.

Lecteur, ne vous étonnez pas de voir vos pasteurs attacher une telle importance à la prière. C'est à cela que nous cherchons à vous conduire. Nous avons besoin de savoir que vous priez. Votre point de vue sur la doctrine peut être irréprochable. Votre amour du protestantisme peut être enthousiaste et incontestable. Toutefois, tout cela peut constituer une connaissance purement intellectuelle et un esprit de parti. Ce que nous voulons savoir, c'est si vous avez déjà été reçu au trône de la grâce et si vous pouvez parler *à* Dieu aussi bien que vous parlez *de* Dieu.

Lecteur, souhaitez-vous savoir avec certitude si vous êtes un vrai chrétien ? Dans ce cas, sachez avec certitude que ma question est de la plus haute importance : *Priez-vous ?*

**3**

# LA PRIÈRE : L'ORDONNANCE BIBLIQUE LA PLUS NÉGLIGÉE

### Certains ne prient jamais

Je vous demande si vous priez, parce que parmi les ordonnances bibliques, aucune n'est aussi négligée que la prière en privé. Nous vivons à une époque où plusieurs professent être croyants. Il y a maintenant plus de lieux destinés au culte public qu'il n'y en a jamais eu. Plus de gens assistent au culte de nos jours que jamais auparavant, et cependant, malgré toute cette religiosité officielle, je crois qu'on fait preuve d'une grande négligence à l'égard de la prière personnelle.

Je n'aurais pas tenu ce discours il y a quelques années : je pensais alors, dans mon ignorance, que plusieurs personnes récitaient leurs prières et que, par conséquent, plusieurs priaient. Mais depuis, l'expérience m'a fait changer d'avis, et j'en suis arrivé à la conclusion que la grande majorité des chrétiens de nom ne prient pas du tout.

Ce que j'affirme en étonnera plusieurs. Je reconnais que la prière est une de ces disciplines qui semblent évidentes et que, comme beaucoup d'autres choses du même ordre, on néglige honteusement. C'est « l'affaire de chacun », dit-on, et comme il arrive souvent dans de tels cas, c'est une affaire dont bien peu s'acquittent. C'est une de ces transactions particulières entre Dieu et notre âme, qu'aucun ne voit et qu'on est par conséquent souvent tenté d'ignorer et même d'abandonner.

Je crois que des milliers n'ont jamais prononcé un seul mot de prière. Ils mangent, boivent et dorment. Ils se lèvent, vont à leurs affaires, puis rentrent à la maison. Ils respirent l'air de Dieu, contemplent le soleil de Dieu, marchent sur la terre de Dieu et jouissent des compassions de Dieu. Leurs corps sont destinés à mourir. Ils feront face au jugement et à l'éternité. Mais ils ne parlent jamais à Dieu. Ils vivent comme des animaux qui périssent. Ils se conduisent comme des créatures sans âme. Ils n'ont pas un mot à dire à celui qui tient entre ses mains leur vie, leur respiration et tout leur être, et de la bouche duquel ils doivent entendre un jour leur sentence éternelle. Quelle chose terrible ! Et cependant, si les secrets des cœurs étaient dévoilés, nous en verrions de nombreux exemples !

## Certains prient par habitude

Je crois que pour des milliers d'êtres, la prière n'est qu'une pure formalité, une série de mots répétés de manière routinière, sans penser à leur sens réel. Les uns récitent à la hâte quelques phrases, souvenirs de jeunesse recueillis dans leur chambre d'enfants. D'autres se contentent de répéter le symbole des Apôtres, oubliant qu'il ne contient pas une seule requête ; d'autres enfin y ajoutent le « Notre Père » (Mt 6.9-13), mais sans le moindre désir de voir les demandes qu'elle contient exaucées.

Plusieurs, même parmi ceux qui usent de formes plus complètes, marmonnent leurs prières une fois qu'ils sont couchés ou les expédient pendant qu'ils se lavent et s'habillent. Quoi qu'il en soit, aux yeux de Dieu, *ce n'est pas là prier*. Des paroles prononcées sans que le cœur y prenne part sont aussi absolument inutiles à nos âmes que l'est pour les païens le battement du tambour devant leurs idoles. Si le cœur n'y est pas, tout mouvement des lèvres, tout son articulé n'a rien qui plaît aux oreilles de Dieu : *ce n'est pas là prier*. Saul a sans aucun doute formulé de nombreuses et longues prières avant sa rencontre avec le Seigneur sur la route de Damas. Or, ce n'est qu'après que son cœur eut été brisé que le Seigneur dit de lui : «Car il prie» (Ac 9.12).

Lecteur, cela vous étonne-t-il ? Écoutez-moi, je vous montrerai que ce n'est pas sans raison que je vous parle ainsi. Vous ne jugerez plus mes assertions comme extravagantes et insoutenables.

## Pourquoi nous ne prions pas

Ne savez-vous pas que le cœur naturel n'aime pas prier, que l'esprit charnel est ennemi de Dieu, que le désir du cœur de l'homme est de s'en éloigner et de n'avoir rien à faire avec lui ? Ce qu'il ressent pour Dieu, c'est de la crainte et non de l'amour. Pourquoi donc un homme prierait-il quand il n'éprouve aucun sentiment réel du péché, qu'il ne ressent en lui aucun besoin spirituel, aucune foi dans les choses invisibles, aucune aspiration à la sainteté et aucun désir de posséder les cieux ? La grande majorité des êtres humains ne savent rien de ces choses ni n'en ressentent le besoin. La multitude se précipite vers le chemin large. Je ne peux pas oublier cette réalité. C'est pourquoi j'affirme haut et fort : je crois que peu de gens prient.

La prière, semble-t-il, n'est pas au goût du jour. Certains auraient même honte d'avouer qu'ils prient. Des centaines d'individus préféreraient monter à l'assaut d'une ville ou mener une cause perdue d'avance plutôt que de confesser publiquement qu'ils ont l'habitude de prier. Des milliers, s'ils étaient obligés par quelque circonstance de coucher dans la même chambre qu'un étranger, se mettraient au lit sans prier. Être bien vêtu, aller au spectacle, passer pour un homme intelligent et agréable, tout cela est de bon ton, mais il ne l'est pas de prier. Je ne peux oublier cette réalité. Je ne peux considérer comme courante une habitude qu'un si grand nombre ont honte de confesser. Oui, je crois que peu de gens prient.

Savez-vous quelle est la vie que mènent tant de gens? Pouvons-nous réellement supposer que des gens prient nuit et jour pour être préservés du péché quand nous les voyons s'y plonger entièrement? Supposerons-nous qu'ils prient pour être préservés du monde quand ils sont entièrement absorbés ou subjugués par ses délices? Croirons-nous qu'ils prient réellement Dieu de leur accorder la grâce de le servir quand ils n'en témoignent pas eux-mêmes le moindre désir? Oh! non, il est aussi clair que le jour que la majorité des hommes, soit ne prient jamais Dieu, soit ne pensent pas à ce qu'ils disent quand ils le prient, ce qui est exactement la même chose. Prier et pécher volontairement sont deux choses qui s'excluent et qui ne coexisteront jamais dans un même cœur. La prière consumera le péché ou le péché étouffera la prière. C'est ce que je ne peux oublier quand je considère la vie de ces hommes, et je crois que peu de gens prient.

Ne savez-vous pas de quelle mort beaucoup meurent? Combien en voyons-nous qui, lorsqu'ils sont près de mourir, semblent entièrement étrangers à Dieu! Non seulement ils ne savent absolument rien de son Évangile, mais ils sont tristement dépourvus de tout pouvoir de s'adresser à lui. Ils font preuve de tant de maladresse et d'embarras que lorsqu'ils cherchent à s'approcher de lui, il est évident qu'il s'agit d'une chose totalement nouvelle pour eux. Ils semblent avoir besoin qu'on les présente à Dieu, montrant manifestement par là qu'ils ne lui avaient jamais parlé auparavant. Je me souviens d'avoir entendu parler d'une dame en phase terminale de sa maladie qui souhaitait vivement avoir la visite d'un pasteur. Elle lui a demandé de prier avec elle. L'ayant interrogée sur ce qu'il devait mentionner dans sa prière, elle n'a pas su que lui répondre. Elle était tout à fait incapable de désigner une seule chose qu'elle souhaitait qu'il demande à Dieu pour son âme. Tout ce dont elle semblait avoir besoin, c'était qu'un pasteur prie pour elle. Les lits de mort révèlent bien des secrets. Je ne peux oublier ce que j'ai vu chez les malades et les mourants, et tout cela me porte à croire que peu de gens prient.

Lecteur, je ne vois pas ce qui se passe dans votre cœur, je ne sais rien de votre histoire personnelle quant aux choses spirituelles, mais d'après ce que je lis dans la Bible et ce que je vois dans le monde, je vous adresse cette question incontournable : *Priez-vous ?*

# 4

# LA PRIÈRE EST UN GRAND ENCOURAGEMENT

## Dieu est prêt

Je vous demande si vous priez, parce que la prière est une ordonnance biblique à laquelle sont associés les plus grands encouragements. Dieu a tout fait pour rendre la prière facile, pourvu que les hommes veuillent bien s'y adonner. Tout est prêt de son côté, chaque objection est réfutée, chaque difficulté levée. Ce qui est tortueux est redressé et les chemins raboteux sont aplanis : il ne reste aucune excuse à l'homme qui refuse de prier. Il y a un chemin par lequel tout homme, aussi coupable et indigne qu'il soit, peut s'approcher de Dieu le Père : Jésus-Christ a frayé ce chemin par le sacrifice qu'il a offert pour nous sur la croix. La sainteté et la justice de Dieu ne doivent effrayer aucun pécheur ni le faire reculer. Qu'il crie seulement à Dieu au nom de Jésus, qu'il s'appuie seulement sur le sang expiatoire de Jésus, et il trouvera Dieu prêt à lui faire grâce et disposé à l'écouter et à l'exaucer. Le nom de Jésus est l'indispensable passeport qui doit accompagner toutes nos prières ! En ce nom, tout homme peut s'approcher de Dieu avec assurance et exposer ses requêtes avec confiance. Dieu a pris l'engagement de l'écouter. Lecteur, réfléchissez : n'est-ce pas là un grand encouragement ?

Il existe un *avocat*, un intercesseur toujours prêt à présenter les prières de ceux qui s'adressent à lui, et cet avocat, c'est Jésus-Christ. Il mêle nos prières à l'encens de sa propre et toute-puissante intercession, et ainsi fusionnées à la sienne, elles montent comme un parfum d'agréable odeur devant le trône de Dieu. Quoique faibles en elles-mêmes, elles deviennent puissantes et efficaces dans la main de notre Souverain Sacrificateur et Frère aîné.

Des billets de banque sans la signature qui leur confère leur cours légal ne sont rien d'autre que de simples chiffons de papier ; mais quelques traits de plume suffisent à leur donner toute leur valeur. La prière d'un pauvre enfant d'Adam est peu de chose en soi, mais lorsqu'endossée par la main du Seigneur Jésus, elle acquiert un grand prix. Il y avait à Rome un magistrat qui devait toujours garder ses portes ouvertes, afin qu'il puisse recevoir à toute heure chaque citoyen romain qui devait avoir recours à lui. De même, l'oreille de Jésus est toujours attentive aux prières de ceux qui invoquent sa miséricorde et sa grâce. Sa tâche est de les secourir. Leurs prières font ses délices. Lecteur, réfléchissez : n'est-ce pas là un puissant encouragement ?

Il y a aussi le *Saint-Esprit*, toujours prêt à nous secourir dans les faiblesses que nous éprouvons en priant. C'est une partie de son ministère particulier de nous assister dans nos efforts pour parler à Dieu. Nous n'avons pas à être découragés ou abattus par la crainte de ne savoir que dire. L'Esprit nous inspirera nos paroles, si seulement nous l'appelons à notre aide. Il intercédera pour nous par des soupirs inexprimables. « De même aussi l'Esprit nous aide dans notre faiblesse, car nous ne savons pas ce qu'il convient de demander dans nos prières. Mais l'Esprit lui-même intercède par des soupirs inexprimables » (Ro 8.26).

Les prières du peuple du Seigneur sont inspirées par l'Esprit du Seigneur ; c'est l'œuvre du Saint-Esprit qui demeure en eux comme Esprit de grâce et de supplication. Assurément, les enfants de Dieu ont de puissantes raisons d'espérer qu'ils seront écoutés. Ce n'est pas eux seulement qui prient, mais c'est le Saint-Esprit qui intercède pour eux. Lecteur, réfléchissez : n'est-ce pas là un grand encouragement ?

## Les promesses faites à ceux qui prient

La Parole recèle de grandes et précieuses *promesses* faites à ceux qui prient. Quelle était la pensée du Seigneur Jésus à ce sujet ? Lisons certaines de ses déclarations : « Demandez et l'on vous donnera ; cherchez, et vous trouverez ; frappez et l'on vous ouvrira. Car quiconque demande reçoit, celui qui cherche trouve et l'on ouvre à celui qui frappe » (Mt 7.7,8). « Tout ce que vous demanderez avec foi par la prière, vous le recevrez » (Mt 21.22). « Et tout ce que vous demanderez *en mon nom*, je le ferai, afin que le Père soit glorifié dans le Fils. Si vous demandez quelque chose *en mon nom*, je le ferai » (Jn 14.13,14). Que voulait dire le Seigneur dans sa parabole de l'ami qui vient au milieu de la nuit, et dans celle de la veuve qui importune le juge (Lu 11.5 ; 18.1) ? Lecteur, méditez sur ces passages : si ces paroles ne sont pas un encouragement à prier, elles n'ont absolument aucun sens.

## Les exemples de la puissance de la prière

Les Écritures comportent de merveilleux *exemples* de la puissance de la prière. Rien ne semble trop grand, trop pénible, trop difficile pour elle. La prière a obtenu des résultats que nous n'aurions jamais pu espérer atteindre. Elle a triomphé du feu, de l'air, de la terre et de l'eau. La prière a frayé un passage au travers de la mer Rouge. Elle a fait jaillir du rocher une source abondante, et fait tomber le pain du ciel. Elle a retardé la course du soleil. La prière a attiré le feu du ciel sur le sacrifice d'Élie ; elle a tourné en folie la sagesse d'Achitophel ; elle a détruit l'armée de Sanchérib. Aussi, Marie, reine d'Écosse, déclarait : « Je crains plus les prières de John Knox qu'une armée de dix mille hommes. » Par la prière, des malades ont été guéris, des morts ressuscités, et des âmes converties. « L'enfant de beaucoup de prières, disait un vieux chrétien à la mère d'Augustin, ne périra jamais. » La prière, le travail et la foi peuvent tout accomplir. Rien ne semble impossible à l'homme revêtu de l'Esprit d'adoption. Aussi longtemps qu'Abraham a prié pour qu'il soit fait miséricorde à Sodome, l'Éternel lui a accordé sa demande, et il n'a cessé de répondre que lorsqu'Abraham a cessé d'intercéder. Lecteur, réfléchissez : n'est-ce pas là un grand encouragement ?

De quoi l'homme a-t-il encore besoin pour marcher dans les voies de la foi, qu'il ne puisse trouver dans cet enseignement sur la prière ? Que pouvait-il être fait de plus pour faciliter l'accès au trône de la grâce, et pour écarter du chemin du pécheur toute occasion de chute ? À vrai dire, si une telle porte avait été ouverte aux démons dans l'enfer, ils auraient tressailli d'allégresse et fait retentir l'abîme de leurs cris de réjouissance.

Mais si l'homme néglige de si glorieux encouragements, où ira-t-il à la fin cacher son visage ? Que peut-on dire de plus à l'homme qui, malgré tout, meurt sans prier ? Lecteur, je dois trembler pour vous, si vous êtes cet homme-là, et je peux bien vous demander : « Priez-vous ? »

# 5

# Une vie de prière disciplinée : le secret de la sainteté

## Un écart considérable

Je vous demande si vous priez, parce que l'exercice de la prière est le secret de toute sanctification remarquable.

Sans vouloir verser dans la controverse, on conviendra sans doute qu'un écart considérable sépare certains chrétiens dans l'armée de Dieu. Tous combattent le même bon combat, mais de toute évidence, les uns combattent plus vaillamment que les autres ! Tous font l'œuvre du Seigneur, mais certains en font assurément beaucoup plus que d'autres ! Ils sont tous lumière dans le Seigneur, mais la lumière des uns brille d'un éclat beaucoup plus vif que celle des autres ! Ils courent tous dans la même carrière, mais les uns atteignent beaucoup plus vite le but que les autres ! Ils aiment tous le même Seigneur et Sauveur, mais quelle différence entre l'amour des uns et l'amour des autres ! Je m'adresse à tout chrétien sincère : n'est-ce pas là la réalité des choses ?

Parmi ceux qui appartiennent au Seigneur, plusieurs semblent n'avoir fait aucun pas en avant depuis l'époque de leur conversion. Ils sont nés de nouveau, mais restent au stade de l'enfance toute leur vie. Ils étudient à l'école du Christ, mais semblent ne jamais dépasser les notions élémentaires et sortir de la médiocrité. Ils sont parvenus à entrer dans la bergerie, mais ils s'y couchent et n'en sortent jamais. Année après année, vous retrouvez toujours chez eux les mêmes vieux péchés tenaces. Vous les entendez rabâcher leurs anciennes expériences sans aller plus loin. Vous remarquez toujours en eux le même manque d'appétit spirituel, la même répugnance pour toute autre nourriture que le lait des mondains, le même dégoût pour toute viande solide, le même enfantillage, la même faiblesse, la même étroitesse d'esprit, la même mesquinerie de cœur, la même absence d'intérêt pour tout ce qui sort de leur petit cercle, que vous aviez pu observer déjà dix ans auparavant. Ils sont voyageurs, il est vrai, mais des voyageurs à la façon des Gabaonites (Jos 9) : leur pain est toujours sec et moisi, leurs souliers toujours vieux et rapiécés, leurs habits toujours troués et déchirés. Je dis cela avec une profonde douleur, mais je le demande à tout chrétien sincère : n'est-ce pas là la vérité ?

En revanche, il y en a d'autres, parmi les enfants de Dieu, qui semblent marcher toujours de progrès en progrès. Ils croissent comme l'herbe après la pluie. Ils prospèrent comme Israël en Égypte. Ils combattent comme Gédéon. Quoique les forces leur manquent parfois, néanmoins ils persévèrent toujours. Ils ajoutent constamment de nouvelles grâces aux grâces anciennes, la foi à la foi, la force à la force. Chaque année, ils semblent voir, connaître, croire, et ressentir davantage en matière de foi. Chaque fois qu'on les rencontre, leur cœur semble plus large, leur stature spirituelle grandie et fortifiée. Non seulement ils prouvent la réalité de leur foi par leurs bonnes œuvres, mais encore par leur zèle à les pratiquer. Non seulement ils font le bien, mais ils sont infatigables à le faire. Ils entreprennent de grandes choses, mais ils en font de plus grandes encore. Quand ils échouent, ils essaient de nouveau, et quand ils tombent, ils ne tardent pas à se relever. Toutefois, en faisant tout ce que nous venons de mentionner, ils se considèrent comme de pauvres serviteurs inutiles, et s'imaginent ne rien accomplir du tout. Ce sont eux qui rendent la foi chrétienne belle et aimable aux yeux de tous. On fait leur éloge même parmi les inconvertis, et ils gagnent l'estime des hommes les plus égoïstes qui soient : on aime leur compagnie et on les écoute. Quand on les rencontre, on croirait que, semblables à Moïse, ils viennent de sortir de la présence de Dieu. Quand on s'en sépare, on se sent l'âme réchauffée par leur compagnie, comme si elle s'était assise près d'un bon feu. Je sais que des hommes de ce genre sont rares, mais je vous le demande : n'est-ce pas là la réalité des choses ?

## La raison de cet écart

Or, à quoi attribuer cette différence que nous venons de mentionner ? Pour quelles raisons certains fidèles sont-ils plus remarquables et plus saints que certains autres ? À mon avis, dans dix-neuf cas sur vingt, l'écart provient d'habitudes divergentes à l'égard de la prière personnelle. Je crois que ceux qui ne manifestent aucune sainteté éminente prient peu, et que ceux qui en font preuve prient beaucoup.

Je suppose que cette opinion étonnera quelques lecteurs. Je conçois aisément que plusieurs considéreront cette sanctification avancée comme une espèce de don particulier qui n'est l'apanage que d'un petit nombre. Ils l'admirent à distance dans les livres.

Ils la trouvent belle quand ils en rencontrent quelques exemples dans leur entourage. Cependant, il ne leur viendrait jamais à l'esprit qu'une telle chose est à la portée d'un grand nombre. En un mot, ils la considèrent comme un don, un privilège, et pas autre chose.

Je crois qu'il s'agit là d'une méprise, et des plus dangereuses. La grandeur spirituelle, aussi bien que la grandeur naturelle, dépend à mon sens beaucoup plus de l'usage des moyens qui sont à la portée de tous, que de toute autre chose. Naturellement, je ne prétends pas que nous devions nous attendre à une effusion miraculeuse de dons intellectuels, mais je dis que si un homme est converti à Dieu, la profondeur de sa sanctification dépend principalement de l'activité qu'il déploie à user des moyens que Dieu a mis à sa disposition. Et j'ose affirmer avec confiance que la plupart des fidèles qui comptent parmi les grands dans l'Église de Christ le sont devenus par le principal moyen mis à leur disposition : l'habitude de la prière personnelle exercée avec diligence.

## La puissance de la prière

Examinez la vie des plus éminents et des meilleurs des serviteurs de Dieu, soit dans la Bible, soit ailleurs. Voyez ce qui est écrit de Moïse, de David, de Daniel et de Paul. Remarquez ce qui nous est raconté des réformateurs et des chrétiens exceptionnels qui leur ont succédé. Observez ce qu'on rapporte de leur culte personnel, et vous verrez que tous ces illustres compagnons des saints et des martyrs étaient reconnus comme des *hommes de prière*. Oh ! lecteur, n'en doutez pas, la prière est une puissance.

Par la prière, on obtient de nouvelles et constantes effusions de l'Esprit. C'est lui qui commence l'œuvre de la grâce dans le cœur humain. Lui seul peut la faire avancer et prospérer. Mais le

Saint-Esprit aime à être sollicité, et ceux qui prient le plus obtiendront toujours une plus large part de son influence.

La prière est le plus sûr remède contre le diable et contre les péchés tenaces. Ces péchés ne subsisteront pas toujours, si vous priez de tout votre cœur pour en être délivrés. Et le diable ne dominera pas longtemps sur vous, si vous suppliez le Seigneur de le chasser. Mais pour obtenir de votre grand Médecin le soulagement quotidien dont vous avez besoin, exposez-lui toutes vos circonstances.

Lecteur, souhaitez-vous croître dans la grâce et être un chrétien sanctifié ? Dans ce cas, aucune question n'est plus importante que la suivante : « Priez-vous ? »

**6**

# LA NÉGLIGENCE DE LA PRIÈRE

**La chute et l'apostasie sont de réels dangers**

Je vous demande si vous priez, parce que négliger la prière est l'une des grandes causes de toute chute.

Chute morale et apostasie sont, à des degrés divers, une même chose, et j'entends parler ici de ces actes par lesquels on régresse dans la foi, après en avoir fait une profession sincère. On peut bien courir pour un temps comme l'ont fait les Galates, et ensuite se détourner pour suivre de faux docteurs et s'attacher à leurs doctrines. Ces personnes peuvent confesser haut et fort leur foi, pendant que leurs sentiments sont vifs et brûlants, comme l'a fait Pierre, mais quand l'heure de l'épreuve survient, elles renient leur Maître. Des hommes peuvent, comme les Éphésiens, perdre leur premier amour et leur zèle à bien faire, et se refroidir, comme cela est arrivé à Marc, le compagnon de Paul. Certains peuvent suivre un apôtre pour un temps ; puis, comme Démas, retourner dans le monde. On observe souvent de telles choses parmi nous.

C'est une chose douloureuse et triste que l'apostasie : de tous les malheurs, c'est le plus grand qu'un homme puisse éprouver. Un navire échoué, un jardin couvert de mauvaises herbes, une harpe sans cordes, une église en ruines sont autant d'objets tristes à la vue ; mais l'apostasie est quelque chose de plus triste encore. À n'en pas douter, la grâce véritable ne peut se perdre, et la vraie union avec Christ ne pourra jamais être rompue. Néanmoins, je crois qu'un homme peut tomber assez bas pour perdre de vue sa propre grâce et désespérer de son salut, et si ce n'est pas là l'enfer, c'est un état qui en est sans doute bien près. Une conscience blessée, un esprit dégoûté de lui-même, une mémoire pleine de remords ; un cœur percé par les flèches du Tout-Puissant, une âme écrasée par le poids d'une accusation intérieure, tout cela est une forme d'enfer, c'est un enfer sur la terre. Cette parole du sage est aussi vraie que solennelle : « Celui dont le cœur s'égare se rassasie de ses voies » (Pr 14.14).

## Quelle est la cause de l'apostasie ?

Or, quelle est la cause de la plupart des apostasies ? Je crois pouvoir affirmer, d'une manière générale, que la négligence dans la prière personnelle en est l'une des principales causes.

Bien entendu, l'histoire secrète des chutes ne sera connue qu'au dernier jour. Je peux seulement donner mon avis comme ministre de Jésus-Christ et selon mon expérience de l'étude du cœur humain. Cet avis est, je le répète clairement, que les apostasies commencent généralement par la négligence de la prière personnelle.

Des bibles lues et des sermons entendus sans prière ; des mariages contractés et des voyages entrepris sans prière ; des demeures choisies et des amitiés formées sans prière ; l'exercice de la prière lui-même, expédié à la hâte et sans aucune participation du cœur : voilà les pas rétrogrades par lesquels un grand nombre de chrétiens tombent dans un état de paralysie spirituelle, qui les amène à ce point où Dieu permet qu'ils fassent quelque lourde chute.

C'est le procédé qui forme : les Lot et leurs tergiversations, les Samson et leurs inconstances, les Salomon entraînés par leurs femmes dans l'idolâtrie, les inconséquents Asa, les faibles Josaphat, les Marthe s'inquiétant de beaucoup de choses, qui se trouvent en si grand nombre dans l'Église de Christ. Souvent, l'histoire de ces cas pourrait se résumer par ces simples mots : « Ils ont négligé de prier en privé. »

## Le problème se manifeste premièrement en privé

À vrai dire, ceux qui tombent en public sont déjà tombés intérieurement depuis longtemps. Ils étaient déjà rebelles quand ils s'agenouillaient, longtemps avant de l'être aux yeux du monde. Comme Pierre, ils ont commencé par mépriser les avertissements du Seigneur de *veiller* et de *prier*, et alors, comme l'apôtre, leur force les a abandonnés, et à l'heure de la tentation, ils ont renié leur Seigneur.

Le monde enregistre leurs chutes et les ridiculise sans vergogne. Or, le monde n'en connaît pas les véritables causes. Les païens ont réussi à contraindre Origène à offrir de l'encens aux idoles, en la menaçant, s'il refusait, d'un châtiment pire que la mort. Leur triomphe a été complet à la vue de sa lâcheté et de son apostasie. Mais ils ignoraient ce fait qu'Origène nous révèle lui-même : ce matin-là, il avait quitté sa chambre en grande hâte, sans terminer ses prières habituelles.

Lecteur, si vous êtes réellement chrétien, j'espère que vous ne deviendrez jamais un apostat; mais si vous voulez vous en préserver, rappelez-vous ma question : « Priez-vous ? »

$$7$$

# LA PRIÈRE ET LE CONTENTEMENT

**Un monde rempli de chagrin**

Je vous demande si vous priez, parce que la prière est l'une des meilleures recettes pour le bonheur et le contentement.

Nous vivons dans un monde où le chagrin abonde, et il en a toujours été ainsi depuis que le péché y est entré. Il n'y a pas de péché sans tristesse ; et jusqu'à ce que le péché ait été chassé du monde, c'est en vain qu'un homme espérera échapper à la douleur.

Il va sans dire que la coupe de chagrin des uns est plus grande et plus amère que celle des autres. Cependant, bien peu parviennent à vivre longtemps sans éprouver une forme ou une autre de douleur ou d'inquiétude. Nos corps, nos biens, nos familles, nos enfants, nos parents, nos employés, nos amis, nos voisins, nos carrières, toutes ces choses sont autant de sources d'inquiétude et de chagrin. La maladie, la mort, les échecs, les contrariétés, les départs, les séparations, l'ingratitude, la calomnie sont des faits courants de la vie, et nous ne pouvons pas la traverser sans que tôt ou tard, ils se manifestent. Plus nos affections sont grandes, plus nos douleurs sont profondes ; plus nous aimons, plus nous aurons à pleurer.

## La réponse au chagrin

Or, comment réussir à nous maintenir dans le contentement, dans un monde tel que le nôtre ? Comment traverser cette vallée de larmes avec le moins de peine possible ? Je ne connais aucun moyen préférable à l'habitude d'accepter tout de la main de Dieu avec prière. Voici le simple avertissement que la Bible donne tant dans l'Ancien que dans le Nouveau Testament. Que dit le psalmiste ? « Et invoque-moi au jour de la détresse, je te délivrerai et tu me glorifieras » (Ps 50.15). « Remets ton sort à l'Éternel, et il te soutiendra, il ne laissera jamais chanceler le juste » (Ps 55.23). Que dit l'apôtre Paul ? « Ne vous inquiétez de rien ; mais en toute chose faites connaître vos besoins à Dieu par des prières et des supplications, avec des actions de grâce. Et la paix de Dieu, qui surpasse toute intelligence, gardera vos cœurs et vos pensées en Jésus-Christ » (Ph 4.6,7). Que dit encore l'apôtre Jacques ? « Quelqu'un parmi vous est-il dans la souffrance ? Qu'il prie » (Ja 5.13).

C'est la constante pratique de tous les saints dont l'histoire nous est rapportée dans les Écritures. C'est ce qu'a fait Jacob quand il craignait son frère Ésaü. C'est ce qu'a fait Moïse, quand le peuple était sur le point de le lapider dans le désert. C'est ce qu'a fait Josué, quand Israël a été battu devant Aï. C'est ce qu'a fait David, quand il était en danger à Keïla. C'est ce qu'a fait Ézéchias, quand il a reçu la lettre de Sanchérib. C'est ce qu'a fait l'Église, quand Pierre a été mis en prison. Enfin, c'est ce qu'ont fait Paul et Silas, quand ils étaient prisonniers à Philippes.

## Trouver un ami en Jésus

Le seul moyen pour être réellement heureux dans un monde comme le nôtre, c'est de remettre toutes choses à Dieu. Ce sont les efforts qu'ils font pour porter leurs propres fardeaux qui rendent si souvent les fidèles tristes ; alors que s'ils voulaient seulement mettre Dieu dans la confidence de leurs inquiétudes, ils les rendraient capables de les supporter, aussi facilement que Samson s'est chargé des portes de Gaza.

*Il y a un ami toujours prêt à nous aider,* si nous voulons seulement verser nos chagrins dans son sein. Un ami qui a eu pitié du pauvre, du malade et de l'affligé, quand il était sur la terre. Un ami qui sait ce qu'est le cœur de l'homme, car il a vécu comme homme pendant trente-trois ans parmi nous. Un ami qui peut pleurer avec ceux qui pleurent, car il était homme de douleur, sachant ce qu'est l'abattement. Un ami capable de nous secourir, car il n'y a jamais eu de souffrance terrestre qu'il n'ait pu guérir. *Cet ami, c'est Jésus-Christ*, et le moyen d'être heureux consiste à entretenir une communion à cœur ouvert avec lui. Oh ! puissions-nous être tous comme ce pauvre chrétien, qui répondait seulement quand on le menaçait et qu'on le frappait : « Je le dirai au Seigneur ! »

Jésus peut rendre heureux tous ceux qui se confient en lui et s'adressent à lui, quelle que soit leur condition extérieure. Il peut leur donner la paix du cœur dans une prison, le contentement au sein de la pauvreté, la consolation dans le dénuement, la joie au bord de la tombe. Il y a une puissante plénitude en lui pour tous les membres fidèles de son corps, plénitude toujours prête à se répandre sur ceux qui la lui demanderont en priant. Oh ! si les hommes pouvaient comprendre que le bonheur ne dépend pas des circonstances extérieures, mais seulement de l'état de leur cœur !

## Les effets de la prière

La prière peut alléger pour nous les croix, aussi lourdes soient-elles. Elle peut amener à nos côtés et à notre aide Celui qui les portera. La prière peut ouvrir devant nous une porte, quand notre chemin semble complètement fermé. Elle peut nous susciter Celui qui nous dira : « Voici ton chemin, marches-y. » La prière peut faire luire un rayon d'espérance, quand tous nos espoirs terrestres semblent perdus à jamais. Elle peut faire descendre jusqu'à nous Celui qui nous dira : « Je ne te délaisserai point, je ne t'abandonnerai point. » La prière peut nous procurer du soulagement, quand ceux que nous aimons nous sont enlevés et que le monde ne nous semble plus qu'un désert. Elle peut nous donner Celui qui remplira le vide de nos cœurs en se donnant lui-même, et qui dira aux flots qui s'agitent au dedans de nous : « Paix, restez tranquilles. » Oh ! puissions-nous ne pas être semblables à Agar dans le désert, qui avait tout près d'elle une source d'eau vive et qui ne la voyait pas !

Lecteur, je souhaite avec ardeur vous voir heureux. Je crois avoir mis devant vos yeux des choses qui méritent votre plus sérieuse considération : puissent-elles être bénies pour vos âmes ! Et je sais que pour ce faire, je ne peux vous adresser une question plus pertinente que celle-ci : « Priez-vous ? »

# 8

# CONSEILS AUX NON-CROYANTS

## Il n'y a aucune bonne excuse

Voici quelques conseils pour ceux qui ne prient pas ; car je suppose que les lecteurs de ce livre ne sont pas tous des hommes et des femmes de prière. Permettez-moi de vous adresser quelques mots de la part de Dieu.

Vous, lecteur, qui ne connaissez pas le privilège de la prière, je désire vous avertir solennellement que votre situation vous expose à un grave danger. Si vous mourez dans votre état actuel, loin de Dieu, vous êtes une âme perdue ! Vous ressusciterez dans une misère éternelle. Parmi tous ceux qui font profession d'être chrétiens, vous êtes les plus incompréhensibles et les plus inexcusables. Vous n'avez aucune bonne raison à donner pour justifier votre vie sans la prière.

Il est inutile de dire que *vous ne savez pas prier*. La prière est l'acte le plus simple qui soit pour être en relation avec Dieu. Il s'agit simplement de parler à Dieu. On n'a besoin ni d'instruction, ni de sagesse, ni de la connaissance d'aucun livre pour la pratiquer. C'est un élan du cœur et un acte de la volonté. L'enfant le plus faible sait crier quand il a faim ; le mendiant le plus pauvre peut tendre les mains pour demander l'aumône, il n'attend pas d'avoir trouvé de belles paroles. Ainsi l'homme le plus simple et le plus ignorant trouvera toujours quelque chose à dire à Dieu, si Dieu habite dans son cœur…

Il est inutile de penser que *vous n'avez pas de lieu convenable* pour prier. Chacun peut trouver pour cela un lieu privé et propice, s'il en éprouve le besoin. Notre Seigneur priait sur la montagne, Pierre sur le toit de la maison, Isaac dans les champs, Nathanaël sous le figuier, et Jonas dans le ventre d'un grand poisson. Chaque lieu peut être transformé en chambre de prière, en oratoire, en Béthel, où nous ferons l'expérience de la présence de notre Dieu.

Il est inutile de dire que *vous n'avez pas le temps*. Le temps ne manque jamais, si l'on désire savoir le prendre et bien l'utiliser. Le temps peut être court, mais il est toujours assez long pour la prière. Daniel gérait toutes les affaires d'un immense empire, et cependant, il priait trois fois par jour. David gouvernait une puissante nation, et il dit néanmoins : « Le soir, le matin et à midi, je soupire et je gémis » (Ps 55.18). On trouve toujours le temps, quand on en ressent le besoin.

Il est inutile de dire que *vous ne saurez pas prier aussi longtemps que vous n'aurez pas la foi et un cœur nouveau*, et que, pour cette raison, vous devez attendre. En agissant ainsi, vous ajoutez péché sur péché : cela suffit à vous garder loin de Dieu et à vous mener en enfer. Pire encore, c'est comme si vous disiez : « Je le sais bien, mais je ne veux pas prier pour obtenir miséricorde. » C'est un argument sans appui dans la Parole de Dieu. Au contraire, lisez ce qu'elle dit : « Cherchez l'Éternel pendant qu'il se trouve ;

invoquez-le tandis qu'il est près» (És 55.6). «Apportez avec vous des paroles et revenez à l'Éternel» (Os 14.2). «Repens-toi donc de ta méchanceté et prie le Seigneur» dit Pierre à Simon le magicien (Ac 8.22). Si vous n'avez ni la foi ni un cœur nouveau, allez au Seigneur, et criez pour les obtenir ; la seule tentative de prier a souvent suffi pour rendre la vie à une âme morte.

Lecteur qui ne voulez pas prier, qui êtes-vous pour ne pas vous soucier de demander à Dieu d'entrer dans votre cœur ? Avez-vous conclu une alliance avec la mort et l'enfer ? N'avez-vous aucun péché qui requiert le pardon, aucune crainte des tourments éternels ? N'avez-vous aucun désir pour le ciel ? Oh ! Puissiez-vous vous réveiller de votre folie actuelle, et penser vraiment à la fin qui vous attend ! Puissiez-vous sortir de votre léthargie et crier à l'Éternel ! Hélas ! Le jour viendra où plusieurs crieront à haute voix : «Seigneur, Seigneur, ouvre-nous !» Mais il sera trop tard alors, puisqu'au même instant un grand nombre, qui n'ont jamais voulu prier Dieu, crieront aux rochers de tomber sur eux et aux collines de les couvrir ! Lecteur, je vous avertis en toute affection : Prenez garde que ce ne soit la fin réservée à votre âme. Le salut est tout près de vous. Ne perdez pas le ciel faute de n'avoir pas ouvert votre cœur à Dieu dans la prière !

## Désirez-vous être sauvés ?

Je m'adresse maintenant à ceux qui désirent réellement être sauvés, mais qui ne savent pas comment faire pour y parvenir. Je peux espérer que plusieurs de mes lecteurs sont dans ce cas ; même s'il y en avait un seul, je lui donne ces encouragements et ces conseils.

Tout voyage requiert qu'on fasse un premier pas, qui consiste à se mettre en mouvement. Le voyage du peuple d'Israël, de l'Égypte en Canaan, s'est avéré long et fatigant. Quarante années se sont écoulées avant qu'ils ne parviennent à passer le Jourdain. Or, il y avait toujours quelqu'un qui se mettait le premier en marche, tandis qu'ils cheminaient de Ramsès à Succoth. À quel moment un homme fait-il réellement son premier pas, pour sortir du péché et du monde ? C'est le jour où il prie pour la première fois dans son cœur, en s'adressant à Dieu.

Pour chaque construction de bâtiment, il y a une première pierre à poser et un premier coup de marteau à donner. Il a fallu cent vingt ans pour construire l'arche. Or, un jour, Noé a dû prendre sa hache et abattre le premier arbre destiné à cette construction. Le temple de Salomon était un glorieux édifice ; il existe un jour précis où l'on a transporté sur le mont Morija la première des grosses pierres qui devaient constituer sa fondation. À quel moment les premiers matériaux du temple de l'Esprit commencent-ils à paraître dans le cœur d'un homme ? C'est, semble-t-il, le moment où il commence à répandre son cœur en prière devant Dieu.

## Que faire ?

Lecteur qui désirez être sauvé, savez-vous ce que vous avez à faire ? Venez, aujourd'hui même, vers le Seigneur Jésus-Christ, entrez dans le premier lieu secret que vous pourrez trouver, et priez-le de sauver votre âme.

Dites-lui que vous avez appris qu'il reçoit les pécheurs et qu'il a dit : « Je ne rejetterai pas celui qui vient à moi. » Dites-lui que vous êtes un pauvre pécheur, et que vous venez à lui, en acceptant, par la foi, *sa propre invitation*. Dites-lui que vous vous remettez entièrement entre ses mains, que vous vous sentez misérable, sans secours ni espérance, et sans espoir quelconque de salut, à moins qu'il ne vous sauve lui-même. Suppliez-le de vous délivrer de la culpabilité, de la puissance et des conséquences du péché. Priez-le de vous pardonner et de vous laver dans son propre sang, de vous donner un cœur nouveau, et d'implanter le Saint-Esprit dans votre âme, par la nouvelle naissance. Suppliez-le de vous accorder la grâce, la foi, le vouloir et le pouvoir de devenir son disciple et son serviteur, dès ce moment et pour toujours. Lecteur, allez à Jésus aujourd'hui même pour lui exprimer votre désir de le suivre, si vous êtes concerné par votre âme.

Parlez-lui à votre manière et dans vos propres mots. Si un médecin venait vous visiter tandis que vous êtes malade, vous sauriez bien lui expliquer où vous souffrez; de même, si votre âme ressent réellement son mal, vous saurez sûrement ce que vous devez dire à Christ.

## Ne craignez pas

Ne craignez pas qu'il refuse de vous sauver parce que vous êtes pécheur. C'est là le véritable plan de Christ. Il a dit lui-même : «Je ne suis pas venu appeler à la repentance des justes, mais des pécheurs» (Lu 5.32).

Ne tardez pas, sous prétexte que vous vous sentez trop indigne. Ne différez pas son invitation. Tout délai est une suggestion du Malin. Allez à Christ tel que vous êtes, dans un esprit de repentance. Plus vous êtes mauvais, plus vous devriez ressentir le besoin d'aller à lui. Vous ne vous améliorerez jamais en tardant à répondre à cette invitation.

Ne craignez rien, même si votre prière est encore hésitante, si vos paroles sont faibles et manquent d'éloquence. Jésus vous comprendra toujours. Notre bien-aimé Sauveur comprend les pécheurs, comme une mère comprend toujours les premières syllabes prononcées par son enfant. Il peut lire dans un soupir et deviner le sens du moindre gémissement.

Ne vous laissez pas aller au découragement, si vous ne recevez pas de réponse immédiate. Quand vous parlez, Jésus tend l'oreille ; si sa réponse tarde, c'est pour de sages motifs et parce qu'il veut éprouver votre persévérance. Continuez à le prier, et la réponse viendra sûrement. «Quoiqu'il tarde, attends-le», car à la fin, il viendra assurément.

Lecteur, si vous souhaitez être sauvé, rappelez-vous mon conseil. Agissez au plus vite, avec droiture et courage, et vous serez sauvé.

**9**

# CONSEILS AUX CROYANTS

## La lutte

Je m'adresse maintenant *à ceux qui prient*. J'espère que plusieurs qui lisent ce traité savent prier, et qu'ils ont reçu l'Esprit d'adoption. À ces derniers, je proposerai quelques conseils fraternels. L'offrande de l'encens dans le tabernacle devait être faite d'une certaine manière. Souvenons-nous qu'on ne pouvait y utiliser qu'un genre précis d'encens et par conséquent, soyons attentifs au sujet de nos prières et à la manière dont nous prions.

Frères et sœurs qui priez, je sais ce qui se produit dans le cœur du chrétien. Nous sommes parfois dégoûtés de nos propres prières. Ces paroles de Paul, «J'ai la volonté, mais non le pouvoir de faire le bien. Car je ne fais pas le bien que je veux, et je fais le mal que je ne veux pas » (Ro 7.18,19), exercent sur le chrétien une impression très profonde, surtout lorsqu'il est à genoux. Il comprend alors mieux le sens de ces paroles de David : «J'ai eu en haine ceux qui sont doubles de cœur» (Ps 119.113 ; *Darby*), et peut s'identifier à ce Hottentot converti que l'on a entendu dire : « Seigneur, délivre-moi de tous mes ennemis ; mais surtout de cet homme méchant – moi-même ! » Peu d'enfants de Dieu réalisent que le moment de la prière est souvent une lutte. Le diable éprouve une rage particulière contre ceux qu'il voit à genoux en prière. On peut donc se méfier de certaines prières qui n'éveillent en nous aucun trouble. Dieu seul connaît les intentions de notre cœur, même pour nos prières. Permettez-moi, comme votre compagnon dans la défense de l'Évangile, de vous adresser quelques mots d'exhortation. Nous ressentons tous la responsabilité et le besoin de prier. Nous ne pouvons pas y renoncer : nous devons aller de l'avant dans ce domaine.

## La manière de prier

Faisons preuve de *respect* et d'*humilité* en priant. N'oublions jamais ce que nous sommes, et combien c'est une chose solennelle que de parler à Dieu. Gardons-nous de paraître en sa présence avec négligence et légèreté. Disons-nous à nous-mêmes : « Le lieu sur lequel tu te tiens est une terre sainte » (Ex 3.5). « C'est ici la porte des cieux » (Ge 28.17). Si je ne prends pas garde à ce que je dis, je me moque de Dieu. « Si j'avais conçu l'iniquité dans mon cœur, le Seigneur ne m'aurait pas exaucé » (Ps 66.18). Souvenons-nous de ces paroles de Salomon : « Ne te presse pas d'ouvrir la bouche, et que ton cœur ne se hâte pas d'exprimer une parole devant Dieu ; car Dieu est au ciel, et toi sur la terre » (Ec 5.1).

N'oublions pas que *nous prions par l'Esprit,* et même par des soupirs inexprimables. Nous devrions toujours nous laisser diriger par l'Esprit dans nos prières et nous garder de tout formalisme. Toute discipline qui est un tant soit peu spirituelle risque de devenir une formalité, et c'est particulièrement le cas pour la prière personnelle. Il est possible d'employer un langage très convenable et des prières extraites de passages bibliques, et néanmoins de prier sans conviction, suivant machinalement les mêmes sentiers battus. Je désire aborder ce sujet avec délicatesse et précaution. Je sais qu'il y a plusieurs sujets importants et nécessaires à exposer continuellement à Dieu, en utilisant les mêmes termes, sans routine ni formalisme. Satan, le monde et nos cœurs sont toujours les mêmes. Nous ne pouvons pas nous empêcher d'en parler chaque jour et nous devons être fort attentifs sur ce point. Si, par la force des choses, la forme de nos prières est presque une habitude, efforçons-nous de combattre cette tendance au formalisme en nous laissant inspirer par l'Esprit. Ainsi, lire des prières lors de notre *culte personnel* est un usage que je ne saurais approuver. Si nous pouvons décrire à notre médecin l'état de notre corps sans consulter un livre, nous sommes aussi en mesure de dire à Dieu quel est l'état de notre âme sans avoir recours à une liturgie. Je n'ai aucune objection au fait qu'un homme fasse usage de béquilles quand il commence à recouvrer l'usage d'un membre cassé : il vaut mieux pour lui se servir de béquilles que de ne pas marcher du tout. Mais je ne pourrais pas l'encourager à se servir de béquilles toute sa vie. J'aimerais mieux le voir assez fort pour marcher sans ses béquilles.

## La pratique de la prière

Je vous recommande aussi de faire de la prière *une bonne habitude* dans votre vie quotidienne. J'attache une grande importance au temps mis à part chaque jour pour la prière. Dieu est un Dieu d'ordre. Les heures régulières de sacrifice du matin et du soir dans le Temple de Jérusalem avaient été déterminées en raison de leur signification. De toute évidence, le désordre est un des fruits du péché. Cependant, je ne voudrais mettre personne sous le joug de la loi et des formes. Il importe à la santé de notre âme d'accorder à la prière le temps nécessaire dans l'emploi des vingt-quatre heures dont chaque jour de notre vie se compose. Comme il existe un moment fixe pour manger, dormir et travailler, accordez de même un temps à la prière. Choisissez vous-même l'heure et le moment. Mais, entretenez-vous avec Dieu chaque matin avant de converser avec les hommes, et parlez-lui le soir après en avoir fini avec le monde, et dans le silence du soir. Rappelez-vous que la prière est, pour notre santé spirituelle, un élément essentiel de chaque jour. Ne la délaissez jamais. Ne lui donnez pas les bribes, les restes de votre journée. Quelle que soit la tâche que vous devez assumer, accordez-vous des moments privilégiés pour la prière.

Je vous recommande la *persévérance* dans la prière. Une fois l'habitude prise, ne l'abandonnez jamais. Votre cœur vous dira parfois que vous avez prié en famille et qu'il n'y a pas dans ce cas grand mal à laisser de côté votre prière personnelle. Votre corps vous dira parfois que vous êtes souffrant, somnolent, fatigué, que vous n'êtes pas en état de prier. Votre esprit vous dira aussi parfois que vous avez d'importantes affaires à traiter aujourd'hui et que vous pouvez bien abréger vos prières. Considérez toutes ces suggestions comme venant directement du diable. C'est comme s'il vous disait : « Négligez le soin de votre âme. » Je ne prétends pas que les prières doivent toujours être de la même longueur, mais aucune excuse ne doit vous les faire négliger ou abandonner.

Ce n'est pas pour rien que Paul a dit : « persévérez dans la prière » et « priez sans cesse ». Il ne voulait pas dire par là que les hommes doivent continuellement être à genoux, mais que nos prières devraient être semblables à un holocauste qui brûle sans cesse dans une persévérance quotidienne. Elles devaient être aussi régulières que le temps des semailles et celui de la moisson, que l'été et l'hiver : un acte qui se perpétue à des époques régulières, qui doit ressembler au feu de l'autel, lequel ne consume pas toujours les sacrifices, mais n'est jamais complètement éteint. N'oubliez pas non plus que vous pouvez rattacher vos prières du matin à celles du soir par une succession non interrompue de courts élans de prière. Même, en compagnie d'autres personnes, à vos affaires ou dans la rue, vous pouvez toujours adresser à Dieu, silencieusement, de petits messages ailés, comme l'a fait Néhémie en présence d'Artaxerxès. Ne pensons jamais que le temps que nous donnons à Dieu est du temps perdu. Une nation ne devient pas plus pauvre parce qu'elle perd une année sur sept en observant le sabbat. Jamais un chrétien ne trouvera qu'il a perdu son temps dans le cours d'une longue vie pour avoir persévéré dans la prière.

## L'attitude dans la prière

Je vous recommande la *sincérité de cœur* dans la prière. Il n'est pas nécessaire de crier ni d'élever la voix en priant pour prouver sa piété. Dieu désire la sincérité de notre cœur dans la prière chaleureuse et fervente. Il faut prier en montrant un intérêt réel pour ce que nous faisons ou demandons. Seule la prière fervente est profitable. C'est ce que nous enseignent les expressions de la Parole de Dieu au sujet de la prière, avec les mots « crier, frapper, lutter, travailler, s'efforcer ».

C'est la leçon qui ressort des exemples qu'elle nous donne : *Jacob* à Peniel, quand il a dit à l'ange : « Je ne te laisserai point aller, que tu ne m'aies béni » (Ge 32.26). *Daniel* quand il plaidait avec Dieu : « Seigneur, écoute ! Seigneur, pardonne ! Seigneur, sois attentif ! Agis et ne tarde pas, par amour pour toi, ô mon Dieu ! » (Da 9.19.) *Jésus-Christ*, dont il est écrit : « C'est lui qui, dans les jours de sa chair, a présenté avec de grands cris et avec larmes des prières et des supplications » (Hé 5.7). Quand on les compare à celles-là, nos prières sont souvent bien différentes. Elles semblent plutôt froides et languissantes. Dieu pourrait bien nous dire avec raison : «Vous ne ressentez pas vraiment le besoin des choses que vous demandez. »

Efforçons-nous de corriger une telle apathie : demandons avec ferveur, comme si nous nous attendions à périr si nous ne sommes pas exaucés. Pensons que des prières froides sont un sacrifice sans feu. Souvenons-nous de l'histoire de Démosthène, le grand orateur, et de ce qu'il a fait lorsqu'un homme est venu lui demander de plaider sa cause. Pendant qu'il lui exposait froidement son affaire, sans la moindre émotion, Démosthène semblait l'écouter sans attention. À cette vue, l'homme lui a crié avec angoisse que tout ce qu'il lui racontait était bien la vérité : «Ah! lui dit Démosthène, *maintenant* je vous crois. »

Je vous recommande ensuite de *prier avec foi*. Croyons que nos prières sont toujours entendues, et que si nous demandons quelque chose selon la volonté de Dieu, il nous exaucera. C'est la parole de notre Seigneur Jésus-Christ : «Tout ce que vous demanderez en priant, croyez que vous l'avez reçu et vous le verrez s'accomplir» (Mc 11.24). La foi est à la prière ce que la plume est à la flèche : sans elle, la prière n'atteindra pas le but.

Nous devons cultiver *l'habitude d'appuyer nos prières sur des promesses,* nous les appropriant en disant au Seigneur : «C'est appuyé sur ta propre Parole, que nous te faisons cette demande ; qu'il nous soit fait selon ta promesse. » Cette habitude était celle de Jacob, de Moïse, de David. D'ailleurs, le Psaume 119 est rempli de demandes faites selon la Parole. Nous devons entretenir *l'habitude d'attendre des réponses à nos prières.* Nous devons imiter le marchand qui envoie ses vaisseaux sur la mer. Nous ne devrions être satisfaits que lorsque nous obtenons une réponse. L'Église de Jérusalem faisait des prières incessantes pour Pierre quand il était en prison. Or, une fois la prière exaucée, personne ne voulait y croire (Ac 12.15). Un ancien docteur disait avec raison « qu'il n'y a pas de signe plus certain d'une prière vaine que le peu de soucis, chez ceux qui la font, d'obtenir ce qu'ils ont demandé ».

## Les requêtes de prière

Je vous recommande la *hardiesse* dans la prière. Une certaine familiarité dans les prières n'a pas sa place, ce qui n'exclut pas pour autant une sainte hardiesse, qui est même souhaitable. Telle était la prière de Moïse quand il plaidait avec Dieu pour qu'il ne détruise pas Israël, et qu'il disait : « Pourquoi les Égyptiens diraient-ils : C'est pour leur malheur qu'il les a fait sortir, c'est pour les tuer dans les montagnes, et pour les exterminer de dessus la terre ? Reviens de l'ardeur de ta colère » (Ex 32.12) ; ou comme celle de Josué lorsque les enfants d'Israël furent défaits devant Aï : « Et que feras-tu pour ton grand nom ? » (Jos 7.9.) C'était cette hardiesse qui distinguait particulièrement Luther et qui faisait dire de lui « que ses sollicitations étaient si humbles qu'elles étaient comme celles d'un mendiant et cependant si pleines d'assurance qu'on sentait qu'elles s'adressaient à un père chéri et un ami ». Or, je crois que nous manquons d'une telle hardiesse et que nous ne réalisons pas suffisamment le privilège dont jouissent les chrétiens. Nous ne crions pas aussi souvent que nous le devrions. « Seigneur, ne sommes-nous pas ton peuple ? N'est-ce pas pour ta gloire que nous devons être sanctifiés ? N'est-ce pas pour ton honneur que ton Évangile doit être abondamment prêché ? »

Je vous recommande aussi la *plénitude* dans vos prières, en exprimant vos divers besoins avec précision. Certes notre Seigneur nous met en garde contre l'exemple des pharisiens qui faisaient de longues prières. Il nous demande de ne pas user de vaines répétitions dans nos prières. En revanche, il a sanctionné, par son exemple, l'usage de longues périodes de prière, en passant lui-même toute la nuit à prier Dieu. De nos jours, nous n'avons pas à craindre les excès en ce qui a trait à la prière. Ne devrions-nous pas craindre plutôt que bon nombre de croyants ne prient pas assez? Le temps consacré à des réunions de prière n'est-il pas, en général, trop court? Nous ne pouvons pas répondre à ces questions d'une manière précise, mais cela doit nous faire réfléchir à la ferveur de notre vie de prière personnelle et collective. On entend parfois des croyants se plaindre du peu de progrès qu'ils font. Ils ne croissent pas autant dans la grâce, disent-ils, qu'ils le voudraient. Ne pourrait-on pas plutôt supposer avec raison qu'ils reçoivent autant de grâce qu'ils en ont demandé? Ce que l'apôtre dit (voir Ja 4.2) pourrait s'appliquer à eux : « ils ne possèdent pas, parce qu'ils ne demandent pas ». La cause de leur faiblesse vient de leurs prières limitées, tronquées et précipitées. Ils ne reçoivent pas, parce qu'ils ne demandent pas. Oh! Lecteur, sachez que vous n'êtes pas à l'étroit dans les entrailles de Christ. Le Seigneur a dit : « Ouvre ta bouche, et je la remplirai » (Ps 81.11). Mais nous sommes comme ce roi d'Israël qui frappa la terre trois fois, puis s'arrêta, quand il aurait dû la frapper cinq ou six fois (2 R 13.18,19).

Je vous recommande encore d'adresser à Dieu des prières *précises*. Nous devons exposer nos besoins en détail devant le trône de la grâce. Il ne suffit pas de confesser que nous sommes pécheurs; nous devons aussi nommer les péchés que nous rappelle notre conscience. Ce n'est pas assez de prier pour que nous soyons sanctifiés; nous devons mentionner les grâces dont nous nous sentons les plus dépourvus. Il ne suffit pas de dire au Seigneur que nous sommes dans l'inquiétude; nous devons décrire la nature de nos inquiétudes liées aux circonstances. C'est ce qu'a fait Jacob, quand il craignait de rencontrer son frère Ésaü : il a dit à Dieu en détail ce qu'il redoutait (Ge 32.11). C'est ce qu'a fait Eliézer lorsqu'il est parti à la recherche d'une femme pour le fils de son maître : il a exposé devant Dieu exactement quels étaient ses désirs (Ge 24.12). C'est ce qu'a fait aussi l'apôtre Paul, quand il s'est plaint d'une écharde dans la chair : il a crié au Seigneur (2 Co 12.8). Voilà des exemples de foi et de confiance véritables! Croyons que rien n'est trop petit pour être exposé devant Dieu. Que penserions-nous d'un malade qui dirait simplement à son médecin qu'il souffre, sans lui donner aucun détail sur ses souffrances? Ou de cette femme qui dirait à son mari qu'elle est malheureuse, sans rien lui dire des causes de son malheur? Ou d'un enfant qui exprimerait à son père qu'il vit de la peine, sans ajouter rien de plus? Lecteur, Christ est le véritable époux de notre âme, le vrai médecin de notre cœur, le vrai Berger de son peuple. Montrons-lui que nous le reconnaissons vraiment comme tel, en nous exprimant sans réserve dans notre relation avec lui, sans aucun secret, en lui exposant tout ce que nous avons sur le cœur.

Je vous recommande encore *l'intercession pour les autres* dans vos prières. Nous sommes tous égoïstes par nature, et notre égoïsme s'avère parfois tenace, même après notre conversion. Nous avons tendance à ne nous occuper que de notre propre âme, de nos luttes spirituelles personnelles, de nos progrès spirituels, et à oublier les autres. Nous devons combattre une telle tendance, surtout lorsque nous prions. Nous devons nous employer à prier dans un esprit plus altruiste, nous encourager à présenter d'autres noms que le nôtre devant le trône de grâce, à porter dans nos cœurs le monde entier : les non-croyants, les chrétiens, notre pays, notre assemblée, notre famille, nos amis et nos proches. Nous devons prier pour chacun et pour tous.

C'est notre plus grand témoignage d'amour envers notre prochain. Celui qui aime en prière aime le mieux. C'est ce qui élargit notre sympathie, ouvre nos cœurs, et contribue à la santé de nos âmes et au bien de l'Église. La prière est comme l'huile nécessaire pour graisser les rouages de tous les instruments employés à répandre l'Évangile. Ceux qui intercèdent font autant pour la cause du Seigneur que Moïse sur la montagne, alors que Josué combattait à la tête d'Israël. Ils imitent Jésus-Christ, en portant sur leur cœur les noms de ses disciples, comme le fait leur Souverain Sacrificateur devant le Père. Oh! Si, comme ministre du Seigneur, j'avais à choisir une congrégation, je lui demanderais de m'en donner une qui prie.

## La reconnaissance dans la prière

Je vous recommande ensuite la *reconnaissance* dans vos prières. Je sais bien que louer Dieu et prier Dieu sont deux choses différentes. Je vois dans la Bible une union très étroite entre la prière et la louange; c'est la raison pour laquelle je n'ose pas appeler prière celle où les actions de grâces n'ont pas leur place. Ce n'est pas pour rien que l'apôtre Paul disait : «Ne vous inquiétez de rien; mais en toute chose faites connaître vos besoins à Dieu par des prières et des supplications, avec des actions de grâces» (Ph 4.6) et «Persévérez dans la prière, veillez-y avec actions de grâces» (Col 4.2). C'est par pure miséricorde que nous ne sommes pas en enfer. C'est par grâce que nous avons l'espérance du ciel. C'est par grâce que nous vivons dans un pays qui jouit de la liberté en matière de foi et de pratique, que nous avons été appelés par l'Esprit, et non livrés à nous-mêmes pour recueillir le fruit de nos œuvres. C'est par miséricorde que nous vivons encore et que nous avons des occasions de glorifier Dieu à la fois de manière active et passive. Or, nous devons avoir toutes ces pensées à l'esprit quand nous parlons avec Dieu, et nous ne devrions jamais ouvrir les lèvres pour prier, sans bénir Dieu pour cette grâce par laquelle nous vivons, et pour ce tendre amour qui dure éternellement.

Jamais aucun saint n'a existé sans être rempli de reconnaissance. L'apôtre Paul commence presque toutes ses épîtres par des actions de grâces. On trouve le même phénomène chez tous les chrétiens éminents des époques subséquentes. Lecteur, si nous voulons être des lumières brillantes et éclatantes dans l'époque où nous vivons, attachons-nous à louer notre Seigneur avec des prières remplies d'actions de grâces.

## La vigilance dans la prière

Je vous recommande enfin la *vigilance* dans vos prières. Dans tous les domaines de la vie chrétienne, la prière est l'aspect auquel nous devons porter le plus d'attention. C'est là que commence la véritable relation avec notre Père céleste. C'est là qu'elle fleurit, là aussi qu'elle peut tomber en décadence. Dites-moi ce que sont les prières d'un homme, et je vous dirai bientôt quel est l'état de son âme. La prière est le pouls spirituel qui révèle l'état de santé d'une âme. La prière est le baromètre spirituel qui nous permet de savoir si le temps est serein ou brumeux dans nos cœurs. Oui ! Veillons toujours avec soin à l'exercice de notre culte personnel. Il est l'essence et le principe vital de notre christianisme pratique. Les sermons, les livres et les traités, les rencontres de comités et la compagnie de gens pieux ont tous leur utilité, mais elles ne remplaceront jamais les prières individuelles. Faites attention aux lieux, aux sociétés et aux compagnons qui vous séparent de la communion avec Dieu et rendent vos prières laborieuses ou banales.

Soyez sur vos gardes. Privilégiez les amis et les occupations qui stimulent votre âme spirituellement et vous encouragent dans votre relation personnelle avec Dieu. Si vous prenez au sérieux votre vie de prière, je vous assure que vous éviterez ainsi de graves dangers à votre âme.

C'est en toute humilité que je vous ai présenté ces diverses réflexions. Moi le premier, j'ai besoin de me les rappeler. Je crois que ces principes contiennent la vérité selon Dieu, et je souhaite que tous ensemble, avec tous ceux que j'aime, nous le ressentions davantage.

L'époque où nous vivons exige qu'on prie beaucoup. Je souhaite que l'Église de Christ reste une Église en prière. Le désir et la prière de mon cœur, c'est que la lecture de cet ouvrage contribue à développer un plus grand esprit de prière. Je souhaite que ceux qui n'ont pas encore goûté au bonheur de prier se lèvent pour crier au Seigneur, et que ceux qui prient déjà persévèrent dans leur vie de prière, tout en l'examinant sincèrement.

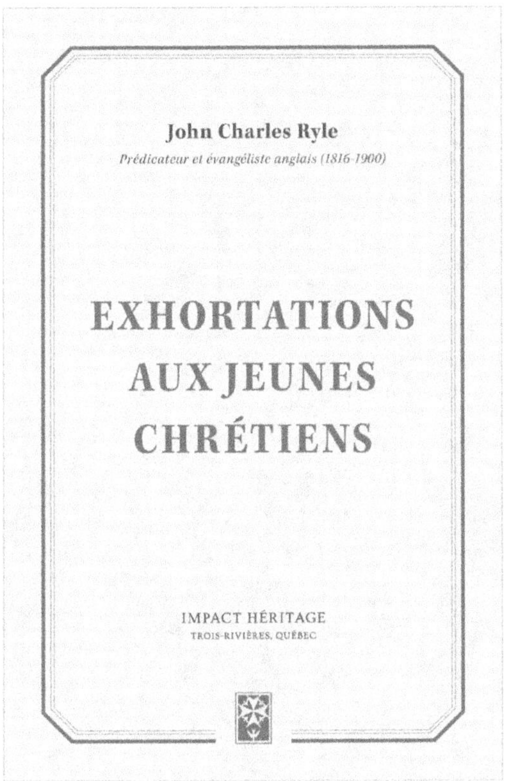

## EXHORTATIONS AUX JEUNES CHRÉTIENS

**JOHN CHARLES RYLE**

Dans ce livre, John C. Ryle nous rappelle à quel point les années de la jeunesse sont importantes dans le développement spirituel du chrétien. Il exhorte les jeunes chrétiens à utiliser leur énergie pour rechercher la sagesse de Dieu et construire la fondation sur laquelle reposeront leur vie et leur famille.

5,5 x 8,5 po | broché | 80 pages
978-2-924773-22-2

## LA RELIGION BIBLIQUE

**JOHN CHARLES RYLE**

Ce livre clair et concis nous amène à réfléchir sur notre vie chrétienne. L'intention de l'auteur est d'en faire un guide pour aider le chrétien à mener une vie sainte. Dans ses propres mots, ce livre « traite des devoirs quotidiens, des dangers, des expériences et des privilèges de tous ceux qui professent être de véritables chrétiens ». C'est une incitation à démontrer notre attachement au Seigneur d'une manière concrète, c'est-à-dire en le servant et en l'aimant de tout notre cœur.

5,5 x 8,5 po | broché | 286 pages
978-2-924773-06-2

www.ingramcontent.com/pod-product-compliance
Lightning Source LLC
LaVergne TN
LVHW050934200726
843508LV00011B/2341